GUIDE MACBOOK POUR SENIORS 2025

Le manuel pratique pour découvrir toutes les fonctionnalités, naviguer facilement sur macOS et utiliser votre MacBook avec assurance et simplicité.

ALBERT F. JOHNSON

DÉMENTI

Ce livre est uniquement destiné à des fins éducatives et informatives. Il n'est pas affilié à Apple Inc. et n'est pas approuvé par celle-ci. Tous les noms de produits et marques déposées appartiennent à leurs propriétaires respectifs.

Bien que tous les efforts aient été faits pour assurer l'exactitude, l'auteur et l'éditeur ne sont pas responsables des erreurs, des changements dans le logiciel ou des résultats résultant de l'utilisation de ce guide. Pour obtenir les informations les plus récentes, veuillez consulter le support officiel d'Apple.

Utilisez toujours votre propre jugement et demandez l'aide d'un professionnel si vous n'êtes pas sûr des étapes.

TABLE DES MATIÈRES

9

Introduction

Si vous tenez ce livre dans vos mains – ou si vous l'ouvrez sur un écran – permettez-moi de commencer par dire : **vous êtes exactement là où vous devez être.**

Que ce soit la toute première fois que vous utilisez un MacBook ou que vous essayiez de le comprendre par vous-même depuis un certain temps, ce guide est là pour vous aider – patiemment, clairement et sans aucune pression. Parce qu'apprendre quelque chose de nouveau, surtout en matière de technologie, n'est pas une question de jeune ou de vitesse. Il s'agit d'avoir le bon soutien.

Pourquoi ce livre existe

Trop de personnes âgées ont eu l'impression d'avoir « raté le bateau » en matière de technologie. Peut-être avez-vous demandé de l'aide et vous êtes-vous senti écarté. Ou peut-être qu'à chaque fois que vous essayez d'apprendre, les instructions sont remplies de jargon technique, de petits caractères et d'étapes qui supposent que vous en savez déjà plus que vous.

Ce livre a été écrit pour changer cela. Il a été créé pour dire : **vous n'êtes pas en retard. Vous n'êtes pas seul. Et oui, vous pouvez absolument le faire.**

Votre MacBook est un outil incroyable. Mais comme tout nouvel outil, il est plus facile à utiliser lorsque quelqu'un vous montre comment faire, avec de la patience, un anglais simple et un sourire.

Ce que vous trouverez à l'intérieur

Vous apprendrez à :

- **Allumez et configurez votre MacBook** à partir de zéro

- Comprendre ce que font réellement toutes les icônes, menus et boutons

- Utilisez facilement vos e-mails, FaceTime, Safari et Photos

- Ajustez les paramètres pour un **texte plus grand**, un meilleur son et une meilleure visibilité

- Restez **en sécurité en ligne** et évitez les escroqueries courantes

- Téléchargez des apps utiles, gérez des fichiers et organisez votre Mac

- Résolvez les petits problèmes *sans panique ni frustration*

Chaque chapitre comprend des **instructions étape par étape** et **des explications simples** qui ne supposent jamais de connaissances préalables.

Vous n'avez pas besoin d'être « féru de technologie ». Vous n'avez pas besoin d'avoir grandi en utilisant des ordinateurs. Vous avez juste besoin d'une volonté d'apprendre - et ce guide s'occupera du reste.

Prenez votre temps - C'est votre voyage

Ce n'est pas une course. Vous pouvez le prendre un chapitre à la fois, passer à ce qui vous intéresse le plus ou le parcourir avec un ami ou un membre de votre famille.

Il n'y a pas de pression ici, juste du progrès. De petits progrès réguliers qui créent une réelle confiance.

Beaucoup de gens choisissent ce livre parce qu'ils veulent avoir moins peur de leur MacBook. Mais ce qu'ils repartent avec bien plus que cela : **la liberté, la connexion et un sentiment d'indépendance renouvelé.**

Imaginez que vous appeliez vos petits-enfants en vidéo, que vous organisiez vos photos de famille, que vous parcouriez des recettes, que vous regardiez vos émissions préférées ou que vous écriviez vos mémoires, le tout sur votre propre MacBook.

Ce n'est pas seulement possible, c'est sur le point de devenir facile.

Commençons donc ce voyage ensemble. **Vous êtes capable. Vous êtes intelligent. Vous êtes prêt.**

Et surtout, vous n'êtes pas seul.

Chapitre 1 : Mise en route

Qu'est-ce qu'un MacBook et pourquoi est-il différent ?

Un **MacBook** est un type d'ordinateur portable fabriqué par Apple. Il est petit, léger et puissant, ce qui signifie que vous pouvez l'utiliser n'importe où pour effectuer des tâches quotidiennes comme naviguer sur Internet, écrire des e-mails, regarder des vidéos ou parler à vos proches lors d'appels vidéo.

Ce qui différencie un MacBook des autres ordinateurs portables, c'est son apparence, sa sensation et sa simplicité une fois que vous l'avez compris. Apple conçoit ses produits pour qu'ils soient propres et conviviaux, mais si vous êtes nouveau dans ce domaine, les choses peuvent sembler inconnues au début. Ce n'est pas grave, ce guide vous aidera à vous mettre à l'aise, étape par étape.

Il existe deux principaux types de MacBook :

- **MacBook Air** – Il s'agit du modèle le plus léger et le plus fin. Il est idéal pour un usage quotidien.

- **MacBook Pro** - C'est un peu plus lourd et plus rapide, souvent utilisé pour des tâches plus exigeantes comme l'édition de photos ou de vidéos.

Quel que soit celui que vous avez, ce livre s'applique aux deux. Vous n'avez pas à vous soucier des détails techniques. S'il est écrit « MacBook » sur le devant, vous êtes au bon endroit.

Aperçu des modèles : Air vs. Pro (et comment connaître le vôtre)

Pour vérifier le modèle de MacBook que vous possédez :

1. Cliquez sur le **logo Apple** dans le coin supérieur gauche de votre écran.

2. Sélectionnez « **À propos de ce Mac** ».

3. Une fenêtre s'affiche avec le modèle (par exemple, « MacBook Air (M1, 2020) » ou « MacBook Pro (2022) »).

Connaître votre modèle peut vous aider si vous avez besoin de contacter l'assistance Apple ou d'installer des mises à jour. Mais pour la majeure partie de ce livre, vous n'aurez pas besoin d'y penser à nouveau – nous garderons les choses simples et universelles.

Astuce : Notez le nom de votre modèle sur un post-it et conservez-le dans votre livre pour référence future.

Charger, allumer et utiliser le trackpad

Mettons votre MacBook en état de marche.

Comment charger :

- Branchez la petite extrémité du câble de charge dans le **port** situé sur le côté de votre MacBook.

- Branchez l'autre extrémité dans une prise murale.

- Un petit symbole d'éclair sur l'écran indiquera qu'il est en charge.

Remarque : les MacBook utilisent **des chargeurs MagSafe** ou **USB-C** selon le modèle. Ne vous inquiétez pas, les deux fonctionnent de la même manière.

Comment l'activer :

- Il suffit **de soulever le couvercle** de votre MacBook pour qu'il s'allume automatiquement.

- Si ce n'est pas le cas, appuyez sur le **bouton d'alimentation** (généralement dans le coin supérieur droit du clavier ou dans une partie du bouton Touch ID).

Une fois qu'il est allumé, vous verrez le logo Apple, puis votre ordinateur de bureau ou votre écran de connexion.

Comprendre le trackpad :

Le trackpad est le grand carré plat situé juste en dessous du clavier. C'est comme une souris, mais intégrée.

Voici comment l'utiliser :

- **Déplacez votre doigt** dessus pour déplacer le pointeur sur l'écran.

- **Appuyez avec un doigt** pour cliquer sur quelque chose.

- **Appuyez deux fois rapidement** pour double-cliquer.

- **Cliquez et maintenez le doigt dessus**, puis faites glisser votre doigt pour déplacer des éléments (comme si vous faisiez glisser un fichier).

- **Utilisez deux doigts** pour faire défiler l'écran vers le haut ou vers le bas, comme si vous balayiez sur un téléphone.

Prenez un moment pour l'essayer. Cela peut sembler nouveau au début, mais la plupart des personnes âgées le trouvent plus facile que d'utiliser une souris séparée une fois qu'elles s'y sont habituées.

Présentation du bureau et de la navigation de base

Une fois que votre MacBook démarre, vous verrez l' **ordinateur de bureau** : c'est votre base, comme votre bureau dans le monde réel.

Voici ce que vous remarquerez :

Le bureau :

- Vous pouvez voir une image d' **arrière-plan** (fond d'écran) et quelques **icônes**

, comme votre disque dur ou les fichiers téléchargés.

- Pensez-y comme à une table où vous pouvez placer les choses auxquelles vous voulez accéder facilement.

La barre de menu (en haut de l'écran) :

- Sur la **gauche**, vous verrez le **logo Apple**. Cliquez dessus pour les paramètres système tels que l'arrêt ou le redémarrage.

- À côté se trouvent des menus qui changent en fonction du programme que vous utilisez (par exemple, « Safari » ou « Photos »).

- Sur la **droite**, vous verrez de petits symboles : Wi-Fi, autonomie de la batterie, son, date/heure.

Le dock (en bas de l'écran) :

- Il s'agit d'une rangée d'icônes d'**applications** , comme une boîte à outils.

- Cliquez sur une icône pour ouvrir un programme (par exemple, Safari pour naviguer sur le Web).

- Vous pouvez ajouter ou supprimer des applications du Dock à tout moment.

Le Finder :

- Le **Finder** est l'icône du visage souriant bleu et blanc sur le Dock.

- Cliquez dessus pour ouvrir vos fichiers, photos et dossiers. Considérez-le comme votre classeur numérique.

Exercice de pratique rapide

☑   Allumez   votre   MacBook

☑ Déplacez le pointeur à l'aide du trackpad

☑ Cliquez sur l'icône du Finder dans le Dock

☑   Ouvrez   un   dossier   (comme « Téléchargements »)

☑ Fermez la fenêtre en cliquant sur le cercle rouge en haut à gauche

Si vous venez de faire ça, félicitations ! Vous naviguez déjà sur votre MacBook comme un pro.

Chapitre 2 : Maîtriser le clavier et le trackpad

Bases du clavier et touches spéciales

Le clavier de votre MacBook est votre principal moyen de taper des lettres, des chiffres et des commandes. Bien qu'il ressemble à n'importe quel clavier standard, Apple inclut quelques touches supplémentaires qui peuvent ne pas vous être familières si vous êtes nouveau sur Mac.

Décomposons-le :

Touches les plus courantes :

- **Lettres (A-Z)** et **chiffres (0-9)** - comme n'importe quel clavier.

- **Barre d'espace** – ajoute un espace entre les mots.

- **Retour/Entrée** – commence une nouvelle ligne ou confirme une action.

- **Supprimer** – efface le caractère à gauche du curseur.

Touches Mac spéciales :

- **Commande (⌘)** – Souvent utilisé avec d'autres touches (par exemple, Commande + C pour copier).

- **Option (⌥)** – Ajoute des fonctions supplémentaires lorsqu'il est enfoncé avec d'autres touches.

- **Contrôle (Ctrl)** – Utilisé pour certains raccourcis.

- **Fonction (fn)** – Située en bas à gauche ; peut être utilisée pour accéder à des fonctions spéciales ou dicter du texte (modèles plus récents).

- **Echap (échap)** – Annule les actions ou ferme les petites fenêtres.

- **Touch ID (sur les modèles plus récents)** – Agit comme un bouton d'empreinte digitale pour déverrouiller votre Mac.

Conseil pour les personnes âgées : Si vous n'êtes pas sûr de ce que fait une touche, essayez d'appuyer doucement dessus et observez ce qui se passe - rien de mal ne se produira. La plupart des fonctions peuvent être annulées.

Comment utiliser les gestes du trackpad

Le **trackpad** est la version Apple d'une souris - il réagit aux mouvements des doigts, appelés **gestes**. Voici les plus utiles à connaître en tant que débutant :

Gestes de base :

- **Mouvement d'un doigt** : faites glisser un doigt sur le trackpad pour déplacer le curseur.

- **Toucher d'un doigt** : sélectionnez ou cliquez sur quelque chose (comme un bouton ou un fichier).

- **Appuyer deux fois** : Ouvre des éléments, comme si vous double-cliquiez avec la souris.

- **Cliquez et faites glisser** : Appuyez sur le trackpad et déplacez votre doigt pour faire glisser une fenêtre ou un fichier.

Gestes utiles à deux doigts :

- **Faire défiler vers le haut/bas** : placez deux doigts sur le trackpad et faites-le glisser vers le haut ou vers le bas pour faire défiler les pages.

- **Clic droit** : appuyez avec deux doigts à la fois. Un petit menu apparaîtra - c'est comme un « clic droit » sur une souris traditionnelle.

- **Zoom (facultatif)** : Écartez ou rapprochez deux doigts (comme sur un smartphone) pour effectuer un zoom avant ou arrière sur certaines applications.

🗨 **Astuce** : essayez d'ouvrir Safari (le navigateur Web), placez deux doigts sur le trackpad et faites défiler un site Web vers le haut et vers le bas. Ce mouvement deviendra une seconde nature avec le temps.

Réglage de la taille du clavier et de la vitesse de la souris pour plus de confort

Le confort est important, surtout lorsque vous utilisez votre MacBook pendant de longues périodes. Apple vous offre des moyens simples d'ajuster votre clavier et votre trackpad afin qu'ils soient plus agréables pour vos mains et vos yeux.

Agrandir le texte du clavier :

Cela ne change pas le clavier lui-même, mais cela permet de rendre les mots à l'écran plus faciles à voir lorsque vous tapez.

1. Cliquez sur le **logo Apple** (coin supérieur gauche).

2. Choisissez **Paramètres Système** (ou « Préférences Système » sur les Mac plus anciens).

3. Allez dans **Affichage**.

4. Utilisez le curseur Taille du **texte** pour agrandir les choses.

Ajuster la vitesse du trackpad :

Si le pointeur se déplace trop vite ou trop lentement, vous pouvez résoudre ce problème.

1. Allez dans **les paramètres système**.

2. Cliquez sur **Trackpad**.

3. Trouvez le curseur **Vitesse de suivi** : déplacez-le vers la gauche pour plus lentement, vers la droite pour plus rapide.

Changer la répétition ou le délai de la touche :

Si vous constatez que les lettres se répètent trop rapidement lors de la frappe, procédez comme suit :

1. Dans **les paramètres système**, accédez à **Clavier**.

2. Ajustez les **curseurs Key Repeat** et **Delay Until Repeat à** des vitesses plus lentes.

Activez Touch ID (facultatif) :

Les MacBook plus récents vous permettent de déverrouiller votre Mac avec votre empreinte digitale.

1. Allez dans **les paramètres système**.

2. Cliquez sur **Touch ID et mot de passe**.

3. Suivez les instructions pour ajouter votre empreinte digitale.

Cela peut vous éviter d'avoir à taper votre mot de passe à chaque fois !

Récapitulatif rapide

☑ Vous avez appris les touches principales de votre clavier et ce qu'elles font

☑ Vous avez pratiqué les gestes de base et à deux doigts sur le trackpad

☑ Vous avez découvert comment agrandir

le texte et rendre le curseur plus facile à contrôler

☑ Vous êtes déjà plus à l'aise avec votre Mac !

Prends ton temps. Si quelque chose n'a pas cliqué la première fois, revenez en arrière et réessayez. Plus vous pratiquez, plus cela vous semblera naturel - et vous vous en sortez très bien.

Chapitre 3 : macOS simplifié

Qu'est-ce que macOS ? (Une visite pour débutants)

Lorsque vous ouvrez votre MacBook, le système qui fait tout fonctionner – du clic sur les icônes à la navigation sur Internet – s'appelle **macOS.** C'est le **système d'exploitation Mac**, et vous pouvez le considérer comme le cerveau derrière votre ordinateur.

Toutes les quelques années, Apple met à jour macOS pour rendre les choses plus rapides, plus sûres et plus utiles. La version la plus récente au moment de la rédaction de cet article s'appelle **macOS Sonoma**, mais que vous utilisiez Sonoma ou une version antérieure comme Ventura ou Monterey, les bases de ce guide s'appliqueront toujours.

macOS est conçu pour être propre et simple, mais il peut sembler peu familier si vous êtes habitué à Windows ou si vous n'avez pas utilisé d'ordinateur depuis longtemps. C'est pourquoi ce chapitre vise à vous aider à vous sentir chez vous.

Sonoma et au-delà : Quoi de neuf

Si votre MacBook exécute **macOS Sonoma**, voici quelques nouvelles fonctionnalités que vous pourriez remarquer :

- **Widgets sur votre bureau** – De petits outils tels que des horloges, la météo ou des rappels que vous pouvez ajouter à votre écran principal.

- **Nouveaux économiseurs d'écran** : des vidéos panoramiques qui s'affichent lorsque votre Mac est inactif.

- **De meilleurs outils d'appel vidéo** – Plus de fonctionnalités amusantes et utiles pour FaceTime et Zoom.

- **Des outils de confidentialité plus performants** – Une meilleure protection lors de la navigation en ligne.

Ne vous inquiétez pas, vous n'avez pas besoin de tout apprendre en même temps. Ce livre vous montrera comment utiliser les fonctionnalités qui comptent le plus.

Pour vérifier votre version :

1. Cliquez sur le **logo Apple** dans le coin supérieur gauche.

2. Sélectionnez **À propos de ce Mac.**

3. La version de macOS que vous utilisez s'affiche en haut de la page.

Recherche et ouverture d'applications à l'aide du Dock et du Launchpad

macOS inclut de nombreuses **applications utiles** (abréviation de « applications »), comme Safari pour Internet, Mail pour les e-mails et Photos pour vos photos. Il existe deux façons simples de les ouvrir :

1. Le Dock (en bas de votre écran)

- Le Dock est la rangée d'icônes en bas de votre écran. C'est comme votre barre de raccourcis.

- Cliquez sur n'importe quelle icône du Dock pour ouvrir cette application.

- Vous pouvez déplacer des icônes ou supprimer celles que vous n'utilisez pas en les faisant glisser hors du Dock.

Icônes courantes du Dock que vous verrez :

- **Finder (smiley)** – Ouvre vos fichiers

- **Safari (boussole)** – Navigateur Internet

- **Courrier (enveloppe)** – Courriel

- **Messages (bulle)** – Textos

- **Photos (fleur)** – Vos photos

Pour ajouter une application au Dock :

- Ouvrez l'application à partir du **Launchpad** ou du **Finder** (voir ci-dessous), puis **cliquez avec le bouton droit de la souris sur** son icône dans le Dock et choisissez *« Conserver dans le Dock »*.

2. Launchpad (grille d'applications)

- Cliquez sur l'icône du **Launchpad** (qui ressemble à une fusée argentée) dans le Dock.

- Toutes vos applications apparaîtront dans une grille, comme un écran de smartphone.

- Cliquez sur n'importe quelle application pour l'ouvrir.

💡 **Astuce** : Si le Launchpad comporte trop d'icônes, saisissez le nom de l'application dans la barre de recherche en haut.

Gestion des fenêtres, des menus et du Finder

Lorsque vous ouvrez des applications, elles apparaissent dans **des fenêtres** , des cases que vous pouvez déplacer, réduire ou fermer. Voyons comment les gérer :

Les boutons rouges, jaunes, verts :

En haut à gauche de chaque fenêtre, vous verrez trois petits cercles :

- **Le rouge** ferme la fenêtre.

- **Le jaune** réduit (masque) la fenêtre du Dock.

- **Le vert** met la fenêtre en plein écran ou quitte en plein écran.

Déplacement et redimensionnement des fenêtres :

- Cliquez et **faites glisser la barre supérieure** d'une fenêtre pour la déplacer.

- Déplacez votre pointeur sur les bords ou les coins pour **redimensionner** la fenêtre.

La barre de menu :

Située tout en **haut de votre écran**, cette barre change en fonction de l'application que vous utilisez.

Par exemple, si vous êtes dans Safari, vous verrez des menus « Safari » avec des mots tels que « Fichier », « Modifier » et « Afficher ». Cliquez sur chaque mot pour explorer les options, telles que l'impression, l'enregistrement ou l'annulation d'actions.

Utilisation du Finder pour organiser votre Mac :

Le **Finder** est votre gestionnaire de fichiers, comme votre classeur numérique.

Pour l'ouvrir :

1. Cliquez sur l'icône du **Finder** (le smiley bleu et blanc) dans le Dock.

2. Vous verrez des dossiers sur la gauche, tels que :

- Documents

- Téléchargements

- Bureau

- Applications

Vous pouvez ouvrir ces dossiers pour rechercher des fichiers, les organiser dans de nouveaux dossiers ou supprimer tout ce dont vous n'avez plus besoin.

Pour créer un nouveau dossier :

- Cliquez avec le bouton droit de la souris n'importe où dans la fenêtre du Finder et choisissez **Nouveau dossier**.

- Saisissez un nom et appuyez sur **Retour**.

Récapitulatif rapide

☑ Vous savez maintenant ce qu'**est macOS** et ce qu'il fait

☑ Vous avez appris la différence entre le **Dock** et le **Launchpad**

☑ Vous avez découvert comment **déplacer, redimensionner et fermer des fenêtres**

☑ Vous vous êtes familiarisé avec le **Finder**, votre armoire de fichiers numériques

N'oubliez pas : pas besoin de tout mémoriser. Plus vous explorez, plus vous vous sentirez familier. Et chaque fois que vous essayez quelque chose de nouveau, vous apprenez.

Chapitre 4 : Personnalisation de votre MacBook

L'une des meilleures choses à propos de votre MacBook est la facilité avec laquelle vous pouvez le faire **ressembler à vous-même**. Qu'il s'agisse d'agrandir le texte ou de modifier votre photo d'arrière-plan, la personnalisation de votre MacBook permet de le rendre plus facile à utiliser et plus agréable.

Modification du fond d'écran et des paramètres d'affichage

Votre **fond d'écran** est l'image d'arrière-plan que vous voyez sur votre bureau. Apple vous offre de nombreux beaux choix, mais vous pouvez également utiliser une photo personnelle si vous le souhaitez.

Pour changer de fond d'écran :

1. Cliquez sur le **logo Apple** dans le coin supérieur gauche de votre écran.

2. Sélectionnez **Réglages Système** (ou *Préférences Système*).

3. Choisissez **Fond d'écran** ou **Bureau et économiseur d'écran**.

4. Parcourez les images disponibles et cliquez sur l'une d'entre elles pour la sélectionner.

Si vous souhaitez utiliser votre propre photo :

- Cliquez sur **Photos** dans le menu latéral.

- Sélectionnez une image dans vos albums.

Astuce : choisissez quelque chose d'apaisant ou de significatif, comme une photo de famille ou une vue panoramique, pour rendre votre bureau plus accueillant.

Réglage de la luminosité de l'écran :

- Allez dans **Paramètres système** > **Affichages**.

- Utilisez le **curseur Luminosité** pour éclaircir ou assombrir l'écran.

Un écran plus lumineux est bon pendant la journée, mais un écran légèrement plus sombre peut se sentir plus à l'aise le soir.

Agrandissement du texte et des icônes pour une meilleure visibilité

Si vous trouvez le texte trop petit, ne vous inquiétez pas, votre MacBook dispose d'options intégrées pour **que tout soit plus facile à voir**.

Pour augmenter la taille du texte :

1. Allez dans **Paramètres système** > **Affichages**.

2. Sous **Taille du texte**, faites glisser la barre vers la droite pour agrandir le texte du système.

Cela agrandira le texte de la barre de menus, les boutons et les noms d'applications.

Pour augmenter la taille de l'icône (pour les dossiers/fichiers) :

1. Ouvrez n'importe quel dossier à l'aide du **Finder**.

2. Cliquez avec le bouton droit de la souris n'importe où dans l'espace vide et choisissez Afficher les **options de vue**.

3. Ajustez les curseurs **Taille de l'**icône **et** Taille du texte.

💡 Vous pouvez également déplacer les icônes en cliquant et en les faisant glisser - organisez les choses comme bon vous semble.

Configuration du Night Shift, du mode sombre et du zoom

Ces caractéristiques aident à réduire la fatigue oculaire, en particulier en basse lumière ou pendant de longues sessions informatiques.

Équipe de nuit:

Cette fonctionnalité rend votre écran plus chaud (moins bleu) le soir, ce qui est plus doux pour vos yeux.

Pour l'allumer :

1. Allez dans **les paramètres système > affiche > Night Shift**.

2. Choisissez de l'activer **automatiquement** du coucher au lever du soleil.

Mode sombre :

Le mode sombre fait passer votre écran à des couleurs plus sombres. De nombreuses personnes âgées trouvent cela plus facile à lire, surtout la nuit.

Pour activer :

1. Allez dans **Paramètres système** > **Apparence**.

2. Choisissez **Sombre**.

Vous pouvez revenir en mode **Clair** à tout moment.

Zoom (loupe d'écran) :

Zoom vous permet **d'agrandir n'importe quelle partie de l'écran, ce** qui est utile pour lire du texte de petite taille.

Pour l'allumer :

1. Allez dans **Paramètres système** > **Accessibilité** > **Zoom**.

2. Activez l'interrupteur.

Une fois activé, vous pouvez appuyer sur Ctrl (^) et le maintenir enfoncé et faire défiler avec deux doigts pour effectuer un zoom avant ou arrière.

Réglage du son, du volume et des notifications

Assurons-nous que les sons et les alertes de votre MacBook fonctionnent comme vous le souhaitez, c'est-à-dire qu'il n'y a pas de bruits forts soudains ou de messages manqués.

Pour régler le volume :

- Utilisez les touches de **volume** situées sur la rangée supérieure de votre clavier.

- Ou allez dans **les paramètres système > le son** pour régler le volume manuellement.

Vous pouvez également :

- Choisissez votre **son d'alerte**

- Ajuster **les périphériques de sortie** (comme les écouteurs ou les haut-parleurs)

- Activez **la sourdine** si vous voulez un silence complet

Gestion des notifications :

Les notifications sont de petits messages contextuels qui vous indiquent quand quelque chose se passe, comme un nouvel e-mail ou un rappel de calendrier.

Pour les gérer :

1. Allez dans **Paramètres système** > **Notifications**.

2. Sélectionnez une app (comme Mail ou Messages).

3. Choisissez s'il affiche des alertes, des sons ou rien du tout.

💡 **Astuce :** si votre Mac semble trop « bruyant » avec des alertes, vous pouvez désactiver les notifications pour les applications que vous n'utilisez pas souvent.

Récapitulatif rapide

☑ Vous avez modifié votre fond d'écran et la luminosité

☑ de votre écran Vous avez agrandi le texte et les icônes pour une meilleure visibilité

☑ Vous avez appris à utiliser **Night Shift**, **le mode sombre** et **le zoom**

☑ Vous avez ajusté le son et les notifications pour une expérience plus calme

Plus vous personnalisez votre MacBook, plus il sera naturel et confortable, tout comme si vous ajustiez une paire de lunettes de lecture jusqu'à ce que tout soit parfaitement clair.

Chapitre 5 : Rester connecté

Votre MacBook n'est pas seulement un outil, c'est votre fenêtre sur le monde. Que vous envoyiez un e-mail à un être cher, que vous naviguiez sur vos sites Web préférés ou que vous imprimiez une recette, **être connecté** est ce qui fait que tout fonctionne sans problème.

Ce chapitre vous explique comment vous connecter au Wi-Fi, coupler des appareils Bluetooth et utiliser des imprimantes ou des clés USB, le tout sans le stress technique

Configuration du Wi-Fi et du Bluetooth

Comment se connecter au Wi-Fi :

Le Wi-Fi permet à votre MacBook d'accéder à Internet, ce qui vous permet de naviguer, d'envoyer des e-mails, de discuter en vidéo et bien plus encore.

1. Regardez dans le **coin supérieur droit** de votre écran.

2. Cliquez sur le **symbole Wi-Fi** (il ressemble à un ventilateur ou à des ondes radio).

3. Une liste des réseaux disponibles apparaîtra.

4. Cliquez sur celui qui correspond au nom de votre réseau domestique.

5. Entrez le **mot de passe Wi-Fi** (il est généralement imprimé à l'arrière de votre modem ou routeur).

6. Cliquez sur **Rejoindre**.

Une fois connecté, votre Mac se souviendra de votre réseau : vous n'aurez plus besoin de saisir le mot de passe la prochaine fois.

Astuce : si vous voyagez ou rendez visite à des amis, vous pouvez vous connecter à leur Wi-Fi de la même manière.

Comment activer Bluetooth :

La technologie Bluetooth permet à votre Mac de se connecter sans fil à d'autres appareils, tels que des écouteurs, des claviers et des haut-parleurs.

1. Cliquez sur le **logo Apple** en haut à gauche.

2. Allez dans **Paramètres système** > **Bluetooth**.

3. Activez Bluetooth (si ce n'est pas déjà fait).

4. Votre Mac recherchera les appareils à proximité.

5. Lorsque vous voyez votre appareil (par exemple, « JBL Speaker » ou « Logitech Mouse »), cliquez sur **Connecter**.

La plupart des appareils se couplent en quelques secondes. Si vous y êtes invité, suivez les instructions supplémentaires affichées à l'écran.

Astuce Bluetooth pour les personnes âgées : Les écouteurs sans fil sont parfaits si vous voulez écouter de la musique ou regarder des vidéos sans déranger qui que ce soit, et une fois couplé, votre Mac se connectera automatiquement la prochaine fois.

Connexion d'imprimantes et de périphériques externes

Parfois, vous voudrez **imprimer un document**, **afficher des photos à partir d'une clé USB** ou **connecter un clavier externe**. Votre MacBook vous facilite la tâche, même si c'est la première fois.

Pour connecter une imprimante (filaire ou sans fil) :

1. Branchez l'imprimante sur votre MacBook via USB **ou** connectez-la au même réseau Wi-Fi.

2. Ouvrez **les paramètres système** > **Imprimantes et scanners**.

3. Cliquez sur le bouton **Ajouter une imprimante**.

4. Votre Mac détectera l'imprimante. Cliquez dessus, puis cliquez sur **Ajouter**.

Vous pouvez désormais imprimer à partir de n'importe quelle app, comme Safari, Mail ou Notes, en accédant à Fichier **> Imprimer** ou en appuyant sur **Commande + P**.

Pour utiliser une clé USB :

1. Branchez la clé USB sur un port de votre MacBook. (Si votre Mac ne dispose que de ports USB-C, utilisez un petit adaptateur.)

2. Le lecteur apparaîtra sur votre **bureau** ou dans le **Finder** sous *Emplacements*.

3. Cliquez pour ouvrir, afficher, copier ou déplacer des fichiers.

Astuce : Éjectez toujours le disque en toute sécurité avant de le débrancher. Faites un clic droit sur l'icône USB et sélectionnez **Éjecter**, ou faites-le glisser vers la corbeille (qui se transforme en icône d'éjection).

Connexion d'accessoires externes :

Vous souhaitez brancher un **clavier**, une **souris**, **un disque dur externe** ou un **lecteur de carte SD** ?

- Pour les appareils filaires : branchez-le directement sur le MacBook ou sur un adaptateur USB.

- Pour les appareils sans fil : Utilisez **Bluetooth** (décrit ci-dessus).

Conseils de dépannage courants :

- Si votre Mac ne reconnaît pas un appareil, essayez de le débrancher et de le rebrancher.

- Le redémarrage du Mac résout souvent les problèmes de connexion.

- Assurez-vous que l'appareil est allumé ou chargé.

Récapitulatif rapide

☑ Vous vous êtes connecté au Wi-Fi (votre lien avec Internet

☑) Vous avez activé le Bluetooth et jumelé des accessoires

☑ sans fil Vous avez configuré une imprimante et appris à utiliser des clés

☑ USB Vous avez pris confiance en vous en utilisant facilement des périphériques externes

Être connecté est plus qu'une fonctionnalité technologique : c'est votre pont vers la communication, l'apprentissage, le divertissement et la joie. Et maintenant que vous savez comment rester connecté, le monde numérique est à portée de main.

Chapitre 6 : L'essentiel d'Internet et du courrier électronique

Une fois que vous êtes connecté au Wi-Fi, Internet devient votre porte d'entrée sur le monde, que vous recherchiez des informations, lisiez les actualités ou discutiez avec vos proches. Ce chapitre vous aide à vous familiariser avec **Safari** (le navigateur Web d'Apple) et **Mail** (votre application de messagerie), deux outils essentiels pour la vie quotidienne sur votre MacBook.

Utilisation de Safari : naviguer sur le Web en toute sécurité

Safari est l'application qui vous permet d'explorer des sites web. Il est représenté par une icône de boussole bleue : vous le trouverez sur votre **Dock** en bas de l'écran.

Comment ouvrir Safari :

- Cliquez une fois sur l' **icône Safari** pour l'ouvrir.

- La fenêtre principale s'ouvrira avec une barre de recherche en haut.

Pour visiter un site web :

1. Cliquez à l'intérieur de la **barre d'adresse** en haut.

2. Tapez un nom de site Web (par exemple , *www.bbc.com* ou *www.google.com*).

3. Appuyez sur **Retour** sur votre clavier.

Ou tapez simplement une question ou un sujet - Safari recherchera Internet pour vous !

Conseils pour une navigation en toute sécurité :

- Recherchez des sites Web qui commencent par **https** - le « s » signifie sécurisé.

- Évitez de cliquer sur des fenêtres contextuelles ou des publicités qui semblent suspectes.

- Ne saisissez jamais d'informations personnelles sur un site à moins que vous ne lui fassiez confiance.

Raccourci Safari : pour revenir à une page précédente, cliquez sur la **flèche gauche** en haut à gauche de la fenêtre Safari.

Création et gestion des signets

Si vous visitez souvent certains sites Web, comme les actualités, les recettes ou votre banque, vous pouvez **les enregistrer en tant que signets** afin de ne pas avoir à saisir l'adresse à chaque fois.

Pour ajouter un signet :

1. Sur le site Web, cliquez sur « **Signets** » dans la barre de menu en haut.

2. Choisissez **Ajouter un signet**.

3. Nommez-le de manière à ce qu'il soit facile à mémoriser et cliquez sur **Ajouter**.

Pour ouvrir un signet enregistré :

- Cliquez à nouveau sur **Signets** dans le menu supérieur et sélectionnez celui que vous avez enregistré.

Vous pouvez également organiser les signets dans des dossiers si vous en avez plusieurs que vous souhaitez garder à portée de main.

Configuration et utilisation d'Apple Mail

L'**application Mail intégrée** d'Apple facilite l'envoi et la réception d'e-mails. L'icône ressemble à un timbre-poste : cliquez dessus dans votre Dock pour commencer.

Pour configurer l'e-mail :

1. Ouvrez **Mail** pour la première fois.

2. Il vous demandera de vous connecter avec votre **adresse e-mail et votre mot de passe**.

3. Suivez les instructions : votre adresse e-mail sera ajoutée à l'application.

Mail fonctionne avec Gmail, Yahoo, iCloud, Outlook et la plupart des autres services de messagerie.

Pour lire votre e-mail :

- Ouvrez l' **application Mail**.

- Sur la gauche, vous verrez votre **boîte de réception**. Cliquez pour afficher les nouveaux messages.

- Cliquez sur un message pour le lire en entier sur le côté droit.

Pour rédiger un nouvel e-mail :

1. Cliquez sur l' **icône Nouveau message** (un carré avec un crayon).

2. Entrez l'adresse e-mail de la personne dans le champ « À ».

3. Ajoutez un **sujet** , comme « Bonjour ! » ou « Photos de famille ».

4. Tapez votre message.

5. Cliquez sur **Envoyer** (icône d'avion en papier).

💡 **Astuce** : vous pouvez également joindre des photos en cliquant sur l'icône du **trombone** dans la fenêtre du message et en sélectionnant des fichiers sur votre Mac.

Éviter les spams et les e-mails d'hameçonnage

Bien que la plupart des e-mails soient sûrs, certains peuvent essayer de vous inciter à donner des informations personnelles. C'est ce qu'on appelle **des spams** ou **des e-mails de phishing**.

Signes d'un e-mail suspect :

- Il dit que vous avez gagné un prix auquel vous n'avez pas participé.

- Il vous demande de confirmer vos coordonnées bancaires ou votre mot de passe.

- Il y a beaucoup de fautes d'orthographe ou je me sens urgent.

Si quelque chose vous semble étrange, ne **cliquez sur** aucun lien et ne répondez pas.

Pour le supprimer :

- Sélectionnez le message et cliquez sur l' **icône Corbeille**.

Pour le signaler comme indésirable :

- Cliquez sur le bouton **Courrier indésirable** dans la barre d'outils Mail.

☑ N'oubliez pas : votre banque ou Apple ne vous demandera jamais d'informations sensibles par e-mail.

Récapitulatif rapide

☑ Vous avez appris à utiliser **Safari** pour naviguer sur Internet en toute sécurité

☑ Vous avez enregistré vos sites web préférés à l'aide **de**

☑ signets Vous avez configuré et utilisé l'**app Mail** pour envoyer et recevoir des e-mails

☑ Vous avez appris à reconnaître et à éviter **les escroqueries par e-mail**

Internet peut être un endroit merveilleux lorsqu'il est utilisé à bon escient - et maintenant, vous avez fait un grand pas vers son utilisation avec confiance et soin.

Chapitre 7 : Communiquer avec la famille et les amis

L'une des plus grandes joies de posséder un MacBook est de pouvoir **rester proche des personnes qui vous sont chères**, quelle que soit la distance qui vous sépare. Qu'il s'agisse d'un appel vidéo avec vos petits-enfants ou d'un message rapide « je pense à vous » à un ami, votre Mac vous rend la tâche facile et agréable.

Configuration de FaceTime et des appels vidéo

FaceTime est l'application intégrée d'Apple pour les appels vidéo et audio. Son utilisation est gratuite et fonctionne sur n'importe quel appareil Apple, y compris les iPhones, les iPads et les MacBook.

Pour ouvrir FaceTime :

- Cliquez sur l' **icône FaceTime** (une caméra vidéo verte) dans votre Dock ou votre Launchpad.

Pour le configurer :

1. Connectez-vous à l'aide de votre **identifiant Apple** (le même que celui que vous utilisez pour l'App Store ou iCloud).

2. Assurez-vous que votre **caméra et votre microphone** sont allumés (ils s'allument généralement automatiquement).

Pour passer un appel FaceTime :

1. Ouvrez l'application FaceTime.

2. Dans la barre de recherche en haut, tapez le nom, le numéro de téléphone

ou l'adresse e-mail de la personne que vous souhaitez appeler.

3. Cliquez sur **Vidéo** pour démarrer un appel vidéo ou **sur Audio** pour un appel vocal uniquement.

Astuce : Si la personne est enregistrée dans vos contacts, commencez simplement à taper son nom et il apparaîtra.

Pendant l'appel :

- Cliquez sur le **bouton rouge** pour raccrocher.

- Cliquez sur les icônes de l'**appareil photo** ou de **la sourdine** pour activer/désactiver la vidéo ou le son.

Conseil utile pour les personnes âgées : FaceTime est privé, sûr et parfait pour « voir » vos proches lorsqu'une visite n'est pas possible, surtout pendant les vacances ou les moments spéciaux.

Utiliser Messages pour rester en contact

Messages vous permet d'envoyer des SMS, des photos, des liens et même des emojis, comme sur un smartphone. C'est rapide, facile et intégré à votre MacBook.

Pour ouvrir Messages :

- Cliquez sur l' **icône Messages** (bulle bleue) dans votre Dock.

Pour envoyer un message :

1. Cliquez sur l' **icône Nouveau message** (carré avec un crayon).

2. Saisissez le numéro de téléphone de la personne, l'adresse e-mail de son

identifiant Apple ou sélectionnez-la dans vos contacts.

3. Tapez votre message dans la case en bas.

4. Appuyez sur **Retour** pour l'envoyer.

Pour ajouter une photo :

- Cliquez sur l' **icône Photos** à côté de la zone de texte.

- Choisissez une photo dans votre photothèque.

Pour utiliser les emojis :

- Cliquez sur l'icône du **smiley** pour ajouter des expressions amusantes à votre message.

Les messages fonctionnent entre tous les appareils Apple, donc si votre famille utilise un iPhone ou un iPad, elle recevra vos SMS instantanément.

💡 **Astuce bonus** : vous pouvez également envoyer des messages de groupe à plusieurs personnes à la fois, ce qui est parfait pour tenir toute la famille au courant.

Partage de photos et de fichiers via iCloud

iCloud est le système de stockage sécurisé d'Apple qui vous permet de partager des photos, des fichiers et des documents sur tous vos appareils Apple, ou même avec d'autres personnes par e-mail ou par lien.

Pour utiliser iCloud pour les photos :

1. Cliquez sur l 'application Photos (une icône de fleur colorée).

2. Assurez-vous que **Photos iCloud** est activé en accédant à :

  ○ **Réglages système > l'identifiant Apple > iCloud > Photos** → l'activer.

3. Toutes les photos ajoutées à votre Mac seront désormais disponibles sur votre iPhone, iPad ou autres appareils Apple (et vice versa).

Pour partager une photo avec quelqu'un :

1. Ouvrez **Photos** et sélectionnez l'image.

2. Cliquez sur le **bouton Partager** (un carré avec une flèche pointant vers le haut).

3. Choisissez **Mail** ou **Messages**, selon la façon dont vous souhaitez l'envoyer.

Pour partager un fichier à partir du Finder :

1. Ouvrez **le Finder** et localisez le fichier.

2. Cliquez avec le bouton droit de la souris sur le fichier et choisissez **Partager** > **Mail**, **Messages** ou **Copier le lien** (si vous utilisez iCloud Drive).

iCloud protège également vos documents importants, même si quelque chose arrive à votre ordinateur.

Récapitulatif rapide

☑ Vous avez appris à utiliser **FaceTime** pour les appels

☑ vidéo et audio Vous avez envoyé des messages à l'aide de l'**app**

☑ Messages Vous avez partagé des photos

et des documents en toute sécurité via

iCloud

En quelques clics, vous pouvez rester connecté, non seulement par des mots, mais aussi par des sourires, des histoires et des moments partagés. Votre MacBook n'est pas seulement une machine ; C'est votre pont vers les personnes qui comptent le plus.

Chapitre 8 : Gestion des fichiers et des dossiers

Votre MacBook n'est pas seulement un outil pour les e-mails et la navigation, c'est un endroit où vous pouvez **stocker et organiser tout ce qui est important pour vous** : documents, photos de famille, lettres, recettes, etc. Dans ce chapitre, nous allons voir comment créer, enregistrer, rechercher et organiser des fichiers et des dossiers en toute confiance.

Création, enregistrement et organisation de fichiers

Lorsque vous utilisez une app telle que **Pages** (pour écrire) ou **Aperçu** (pour lire des documents), vous pouvez **enregistrer votre travail sous forme de fichier** et le stocker sur votre Mac pour une utilisation ultérieure.

Création et enregistrement d'un fichier :

Supposons que vous écriviez une lettre à l'aide de **Pages** :

1. Ouvrez l' **application Pages**.

2. Tapez votre lettre.

3. Lorsque vous avez terminé, cliquez sur Fichier dans la barre de menu en haut à gauche.

4. Choisissez **Enregistrer** ou **Enregistrer sous**.

5. Donnez un nom à votre fichier, par exemple, *« Lettre à Sarah »*.

6. Choisissez où l'enregistrer (nous vous suggérons le **dossier Documents**).

7. Cliquez sur **Enregistrer.**

Votre fichier est maintenant enregistré et peut être ouvert, modifié ou partagé à tout moment.

Organisation des fichiers dans des dossiers :

Pour garder les choses en ordre, c'est une bonne idée de mettre les fichiers associés dans des dossiers, comme vous le feriez dans un classeur.

1. Ouvrez le **Finder** (icône en forme de smiley dans le Dock).

2. Accédez au dossier dans lequel vous souhaitez en créer un (par exemple, Documents).

3. Cliquez avec le bouton droit de la souris n'importe où dans l'espace blanc.

4. Cliquez sur **Nouveau dossier.**

5. Donnez-lui un nom (comme « Lettres de famille » ou « Recettes ») et appuyez sur **Retour.**

6. Maintenant, vous pouvez **faire glisser des fichiers dans le dossier** pour rester organisé.

Astuce : si vous ne savez plus où vous avez enregistré quelque chose, ne vous inquiétez pas, nous nous en occuperons ensuite.

Utilisation du Finder pour localiser n'importe quoi

Le Finder est l'outil intégré de votre Mac qui vous permet de trouver et d'organiser des fichiers. Considérez-le comme votre assistant personnel pour tout ce qui se trouve sur votre ordinateur.

Pour ouvrir le Finder :

- Cliquez sur l'icône du **Finder** (visage souriant) sur votre Dock.

La fenêtre du Finder se compose de deux parties :

- **Barre latérale sur la gauche :** accès rapide aux emplacements clés tels que **Bureau**, **Documents**, **Téléchargements**, **Applications** et **iCloud Drive.**

- **Zone principale à droite :** Affiche le contenu du dossier que vous sélectionnez.

Pour trouver rapidement un fichier :

1. Ouvrez le Finder.

2. Utilisez la **barre de recherche** dans le coin supérieur droit.

3. Tapez un mot à partir du nom de fichier, ou même un mot à l'intérieur du document.

4. Le Finder affichera des résultats qui correspondent.

Vous pouvez double-cliquer sur n'importe quel résultat pour l'ouvrir.

Conseil adapté aux aînés : Ne vous souciez pas de mémoriser les chemins d'accès aux fichiers. Utilisez la fonction de recherche chaque fois que quelque chose est « perdu ». Il fonctionne commc Google : tapez ce dont vous vous souvenez et votre Mac fera le reste.

Comment utiliser les disques externes et les clés USB

Les disques externes et les clés USB sont pratiques lorsque vous souhaitez **sauvegarder des fichiers**, **transférer des documents** ou **partager des photos** avec quelqu'un qui n'utilise pas le courrier électronique.

Branchez-le :

- Insérez la clé USB ou le lecteur externe dans le port de votre MacBook.

- Si votre Mac ne dispose que de ports USB-C, vous aurez peut-être besoin d'un petit adaptateur.

Une fois connecté :

- Une nouvelle **icône** apparaîtra sur votre bureau.

- Le lecteur est également répertorié dans le **Finder** sous *Emplacements*.

Copie de fichiers sur le lecteur :

1. Ouvrez **le Finder** et localisez le fichier que vous souhaitez copier.

2. Cliquez et **faites-le glisser** sur l'icône de la clé USB.

3. Le fichier sera copié automatiquement.

Éjection en toute sécurité :

Avant de retirer le disque :

- Cliquez avec le bouton droit de la souris sur l'icône du lecteur et sélectionnez **Éjecter**.

- Ou faitcs glisser l'icône vers la corbeille (elle se transformera en symbole d'éjection).

- Une fois qu'il disparaît de l'écran, vous pouvez le débrancher en toute sécurité.

💡 **Pourquoi Eject First ?** Il empêche vos fichiers d'être endommagés ou perdus lors de la suppression.

Récapitulatif rapide

☑ Vous avez appris à créer et à enregistrer des fichiers

☑ Vous avez organisé votre travail dans des dossiers

☑ Vous avez utilisé le Finder pour localiser des documents

☑ Vous avez utilisé en toute sécurité des clés USB et du stockage externe

La gestion de vos fichiers peut sembler anodine, mais elle apporte **un sentiment**

d'ordre, de contrôle et de tranquillité d'esprit, surtout lorsque vos lettres personnelles, vos documents importants et vos précieux souvenirs sont tous là où vous pouvez les trouver.

Chapitre 9 : Photos, musique et divertissement

Votre MacBook est plus qu'un simple outil pour vos messages et vos fichiers, c'est une fenêtre sur vos moments et histoires préférés. Que vous souhaitiez consulter de **vieilles photos de famille, écouter vos chansons préférées** ou **regarder un film lors d'une soirée tranquille**, votre Mac vous rend la tâche facile et agréable.

Affichage et organisation des photos

L' **app Photos** abrite toutes vos photos, y compris celles prises sur votre iPhone (s'il est connecté à iCloud) ou importées à partir d'une clé USB ou d'un appareil photo.

Pour ouvrir l'application Photos :

- Cliquez sur l' **icône Photos** (une fleur colorée) dans le Dock ou le Launchpad.

Affichage de vos photos :

- Vous verrez **Bibliothèque**, **Albums** et **Favoris** sur la gauche.

- Cliquez sur **Bibliothèque** pour afficher toutes vos photos dans l'ordre dans lequel elles ont été prises.

- Double-cliquez sur n'importe quelle photo pour l'agrandir.

Organisation des photos en albums :

1. Dans l'application Photos, cliquez sur **Fichier > nouvel album**.

2. Nommez votre album (par exemple, *Family Trip 2023*).

3. Sélectionnez les photos que vous souhaitez ajouter.

4. Faites-les glisser dans votre nouvel album.

Vous pouvez créer des albums pour les anniversaires, les vacances, les petits-enfants, tout ce qui vous apporte de la joie.

Importation de photos à partir d'une clé USB :

1. Branchez l'USB.

2. Ouvrez **Photos**.

3. Cliquez sur **Fichier > Importer**, puis choisissez les photos de votre clé USB.

4. Cliquez sur **Vérifier pour l** 'importation, puis **sur Importer tout** (ou sélectionnez ceux de votre choix).

Astuce : marquez vos photos préférées à l'aide d'une icône en forme de cœur, qui sera automatiquement ajoutée à votre **album Favoris**.

Édition et partage de souvenirs

Vous n'avez pas besoin d'être photographe pour améliorer l'apparence de vos photos. La **fonction d'édition** de l'application Photos vous permet d'effectuer des corrections simples en quelques clics.

Pour modifier une photo :

1. Ouvrez n'importe quelle photo.

2. Cliquez sur le **bouton Modifier** (coin supérieur droit).

3. Essayez ces outils simples :

- ◦ **Auto** – Laissez votre Mac ajuster automatiquement la luminosité et le contraste.

- ◦ **Recadrer** – Coupez des parties de l'image.

- ◦ **Rotation** – Fixez les photos latérales.

- ◦ **Filtres** - Ajoutez des effets amusants.

Lorsque vous êtes satisfait, cliquez sur **Terminé**.

Pour partager une photo :

1. Sélectionnez la photo.

2. Cliquez sur le **bouton Partager** (un carré avec une flèche vers le haut).

3. Choisissez le mode d'envoi : par **Mail**, **Messages** ou **AirDrop** (pour le partage d'Apple à Apple).

Utilisation d'Apple Music, des podcasts et de YouTube

Votre Mac peut lire toutes sortes de divertissements audio, qu'il s'agisse de vos jeux préférés ou de podcasts ou d'émissions de radio en passant par des émissions de radio.

Apple Music (intégré) :

- Cliquez sur l 'application **Musique** (icône de note de musique).

- Vous pouvez écouter des stations de radio gratuites ou, si vous êtes abonné, accéder à une grande bibliothèque de chansons.

- Pour lire un morceau ou un album, cliquez sur **Parcourir** ou utilisez la barre de recherche.

Astuce bonus : si vous ne souhaitez pas d'abonnement, vous pouvez toujours profiter de l' **onglet Radio** dans l'application Musique - une utilisation gratuite.

Podcasts (émissions audio parlées) :

- Ouvrez l' **application Podcasts** (icône violette avec des ondes sonores).

- Parcourez par sujets, comme l'histoire, la foi, les loisirs ou l'actualité.

- Cliquez sur **Suivre** pour suivre automatiquement les nouveaux épisodes.

YouTube (via Safari) :

1. Ouvrez **Safari** et allez à www.youtube.com.

2. Utilisez la barre de recherche pour rechercher des clips musicaux, des émissions ou tout autre sujet d'intérêt.

3. Cliquez pour jouer. C'est aussi simple que cela.

Les personnes âgées adorent ça : tapez des mots-clés tels que « musique relaxante », « sermons d'église » ou « spectacles d'humour classiques » – et profitez d'une bibliothèque infinie de contenu gratuit.

Regarder la télévision et des films sur l'Apple TV

L 'app **Apple TV** vous permet de louer ou de diffuser des films et des émissions, gratuits ou payants. Vous n'avez pas besoin d'un appareil Apple TV distinct pour l'utiliser sur votre MacBook.

Pour ouvrir l'Apple TV :

- Cliquez sur l' **icône TV** dans votre Dock ou votre Launchpad.

À l'intérieur de l'application :

- Parcourez **Regarder maintenant**, **Films** et **Séries TV**.

- Certains contenus sont gratuits ; D'autres peuvent exiger des frais de location ou un abonnement.

Pour regarder quelque chose :

- Cliquez sur un titre, puis choisissez **Jouer**, **Louer** ou **S'abonner** (selon les disponibilités).

- Asseyez-vous et profitez-en - le mode plein écran donne l'impression d'être votre propre home cinéma.

Conseil supplémentaire : utilisez des **écouteurs** pour un meilleur son ou une écoute silencieuse tard dans la nuit.

Récapitulatif rapide

☑ Vous avez ouvert et organisé des photos dans l'**app**

☑ Photos Vous avez effectué des modifications de base et partagé des photos facilement

☑ Vous avez écouté de la musique, des podcasts et navigué sur YouTube

☑ Vous avez regardé des films et des séries TV à l'aide de l'**app Apple TV**

Que vous vous détendiez, que vous vous remémoriez des souvenirs ou que vous découvriez quelque chose de nouveau, votre MacBook vous ouvre un monde de divertissement : pas de câble, pas de CD, pas de tracas. Il suffit de cliquer, de profiter et de sourire.

Chapitre 10 : Rester en sécurité

L'utilisation d'un MacBook devrait se sentir en sécurité et sans stress - et la bonne nouvelle est qu'Apple construit ses ordinateurs en gardant la **sécurité à l'esprit**. Mais tout comme le verrouillage de votre porte d'entrée, il existe quelques habitudes et paramètres simples qui peuvent vous aider à garder votre vie numérique privée, sécurisée et sans souci.

Dans ce chapitre, vous apprendrez à **créer des mots de passe forts, à utiliser Touch ID, à gérer les paramètres de sécurité** et à comprendre les conseils de base en matière de confidentialité pour rester protégé en ligne.

Création de mots de passe forts

Votre mot de passe est la **première ligne de défense pour** protéger votre MacBook et vos comptes en ligne. Un mot de passe fort est :

- **Pas facile à deviner**

- **Au moins 8 caractères**

- **Un mélange de lettres, de chiffres et de symboles**

Comment changer ou définir le mot de passe de votre Mac :

1. Cliquez sur le **logo Apple** (coin supérieur gauche).

2. Allez dans **Paramètres système > Utilisateurs et groupes**.

3. Cliquez sur le nom de votre compte, puis choisissez **Modifier le mot de passe**.

Faites-en quelque chose **de mémorable pour vous** , mais difficile à deviner pour les autres. Évitez d'utiliser des noms, des anniversaires ou des mots simples comme « mot de passe ».

Conseil pour les personnes âgées : Si vous avez du mal à vous souvenir des mots de passe, utilisez un **carnet de notes** stocké en toute sécurité à la maison ou envisagez un gestionnaire de mots de passe de confiance comme 1Password ou le trousseau intégré d'Apple.

Configuration de la protection Touch ID ou par mot de passe

Si votre Mac est équipé d'un **bouton Touch ID** (généralement sur les modèles plus récents), vous pouvez utiliser votre empreinte digitale au lieu de saisir votre mot de passe à chaque fois.

Pour configurer Touch ID :

1. Allez dans Paramètres **système** > **Touch ID et mot de passe**.

2. Cliquez sur **Ajouter une empreinte digitale**, puis placez votre doigt sur le capteur Touch ID (généralement la touche en haut à droite).

3. Suivez les instructions à l'écran.

Touch ID peut être utilisé pour :

- Déverrouiller votre Mac

- Autoriser les achats sur l'App Store

- Remplissez automatiquement les mots de passe

Si votre Mac n'est pas équipé de Touch ID, ne vous inquiétez pas, un mot de passe fort est tout aussi sûr.

Gestion des paramètres de sécurité et des alertes d'escroquerie

Apple inclut des outils de sécurité intégrés pour vous aider à protéger votre Mac, mais vous pouvez ajouter des couches de protection supplémentaires en quelques clics.

Activez votre pare-feu :

1. Allez dans **Paramètres système** > **Réseau** > **pare-feu**.

2. Basculez-le pour bloquer les connexions entrantes indésirables.

Activer les mises à jour automatiques :

Les mises à jour logicielles incluent d'importants correctifs de sécurité.

Pour activer les mises à jour automatiques :

1. Allez dans **Paramètres système** > **Général** > **Mise à jour logicielle**.

2. Assurez-vous que **l'option Mises à jour automatiques** est activée.

De cette façon, votre Mac reste à jour et protégé, sans que vous ayez besoin de faire quoi que ce soit d'autre.

Méfiez-vous des pop-ups frauduleux et des faux avertissements :

Parfois, lorsque vous naviguez en ligne, vous pouvez voir des messages qui disent des choses comme :

- *« Votre Mac est infecté ! »*

- *« Appelez ce numéro pour résoudre un problème. »*

- *« Cliquez ici pour accélérer votre ordinateur. »*

Il s'agit presque toujours **d'escroqueries**. **Ne cliquez pas, n'appelez pas et ne téléchargez rien** à partir de ces fenêtres contextuelles.

Que faire à la place :

- Fermez immédiatement l'onglet du navigateur.

- Si quelque chose ne se ferme pas, appuyez sur **Commande + Q** pour quitter l'application.

- Redémarrez votre Mac et exécutez **les paramètres système > Général > Mise à jour logicielle** juste pour être sûr.

💡 **Rappel amical** : Apple **ne** vous appellera jamais et ne vous demandera jamais d'accéder à distance à votre ordinateur.

Utilisation de Time Machine pour sauvegarder votre Mac

La sauvegarde de vos fichiers vous permet de **ne jamais perdre de documents, de photos ou d'e-mails importants**, même en cas de problème avec votre Mac.

L'outil de sauvegarde d'Apple s'appelle **Time Machine** – et une fois configuré, il fait tout automatiquement.

Pour utiliser Time Machine :

1. Branchez un disque dur externe (demandez de l'aide pour en choisir un si nécessaire).

2. Allez dans **les paramètres système** > **Time Machine**.

3. Sélectionnez le lecteur et cliquez sur **Utiliser comme disque de sauvegarde**.

Time Machine sauvegardera désormais vos fichiers régulièrement, sans travail supplémentaire.

Récapitulatif rapide

☑ Vous avez créé un mot de passe

☑ Mac fort Vous avez configuré **Touch ID** (le cas échéant)

☑ Vous avez activé les **principaux paramètres de sécurité** et les mises à jour

☑ automatiques Vous avez appris à éviter les escroqueries et les fenêtres

☑ contextuelles en ligne Vous avez commencé à protéger vos fichiers avec **des sauvegardes Time Machine**

Un MacBook sécurisé est un MacBook paisible, et maintenant que vous avez couvert ces éléments de base en matière de sécurité, vous pouvez explorer le monde numérique en toute confiance et tranquillité d'esprit.

Chapitre 11 : Applications essentielles pour la vie quotidienne

Votre MacBook est plus qu'un simple ordinateur, c'est un assistant personnel qui peut vous aider à **rester organisé, à vous souvenir des dates importantes, à obtenir des itinéraires, à consulter la météo, etc.** Et la meilleure partie ? Beaucoup de ces outils sont déjà installés, prêts à l'emploi.

Dans ce chapitre, nous allons explorer certaines des applications les plus utiles pour la vie quotidienne et vous montrer comment en tirer le meilleur parti en quelques clics.

Calendrier, notes et rappels

Ces trois applications sont idéales pour garder votre vie organisée, que vous souhaitiez vous souvenir d'un rendez-vous chez le médecin, noter une recette ou créer une liste de tâches quotidiennes.

Calendrier

L 'application Calendrier vous permet de suivre les anniversaires, les rendez-vous, les jours fériés et les événements.

Pour l'ouvrir :

- Cliquez sur l' **icône Calendrier** (une page rouge et blanche) dans le Dock.

Pour ajouter un événement :

1. Cliquez sur le **bouton « + »** en haut à gauche.

2. Entrez le nom de l'événement (par exemple, « Déjeuner avec Marie »).

3. Choisissez la **date et l'heure**.

4. Cliquez sur **Ajouter**.

Astuce : vous pouvez définir des rappels pour les événements à venir afin que votre Mac vous avertisse à l'avance.

Notes

L '**application Notes** est parfaite pour écrire n'importe quoi : listes d'épicerie, mots de passe, idées de cadeaux ou réflexions.

Pour l'ouvrir : ·

- Cliquez sur l' **icône Notes** (un bloc-notes jaune et blanc) dans le Dock.

Pour créer une note :

1. Cliquez sur le bouton **Nouvelle note** (un carré avec un crayon).

2. Commencez à taper. Les notes sont enregistrées automatiquement.

Vous pouvez également **ajouter des listes de contrôle**, **insérer des photos** ou **organiser des notes dans des dossiers**.

Rappels

Si vous avez besoin d'aide pour vous souvenir de tâches, l' **application Rappels** est votre liste de tâches numérique.

Pour l'ouvrir :

- Cliquez sur l' **icône Rappels** (une liste blanche avec des points colorés).

Pour créer un rappel :

1. Cliquez sur **Nouveau rappel**.

2. Tapez votre tâche (par exemple, «
Prenez des médicaments à 8 heures du
matin »).

3. Ajoutez une heure ou une date pour
une notification.

💡 **Conseil adapté aux aînés** : Utilisez les
rappels pour les médicaments, le paiement
des factures ou même « Appelez vos petits-
enfants tous les dimanches ».

Utilisation de cartes et de la météo

Ces deux applications vous aident à **planifier
votre journée**, que vous sortiez ou que vous
soyez simplement curieux de savoir ce qui se
passe à l'extérieur.

Cartes

L 'application Plans** vous permet d'obtenir des itinéraires et d'afficher des lieux dans le monde entier.

Pour l'ouvrir :

- Cliquez sur l' **icône Cartes** (symbole de carte bleue).

Pour trouver l'itinéraire :

1. Tapez l'adresse ou le nom du lieu dans la barre de recherche.

2. Cliquez sur **Direction.**

3. Entrez votre point de départ (votre adresse est souvent ajoutée automatiquement).

4. Choisissez **Conduire**, **marcher** ou **Transporter**.

5. Votre itinéraire apparaîtra avec des instructions étape par étape.

Même si vous ne conduisez pas, Plans est idéal pour vérifier les distances, trouver des restaurants ou localiser des points de repère.

Temps

L 'application **Météo** vous informe des conditions actuelles et des prévisions.

Pour l'ouvrir :

- Ouvrez **Safari**, puis allez dans www.weather.com,

- Vous pouvez **également demander à Siri** en disant : *« Quel temps fait-il aujourd'hui ? »*

Tu vas voir:

- Température

- Vent et humidité

- Prévisions à 7 jours

💡 **Astuce bonus** : vous pouvez ajouter plusieurs villes (comme l'endroit où vivent vos enfants) pour vérifier leur météo !

L'App Store : comment télécharger des applications utiles

L '**App Store** est l'endroit où vous pouvez trouver d'autres applications, dont beaucoup sont gratuites et conçues pour rendre la vie plus facile, plus amusante ou plus productive.

Pour l'ouvrir :

- Cliquez sur l'icône de l' **App Store** (un « A » blanc sur fond bleu).

Pour télécharger une application :

1. Utilisez la **barre de recherche** pour rechercher des applications telles que :

   o « Zoom » pour les appels vidéo

   o « Bible » pour la lecture quotidienne

   o « Solitaire » pour les jeux

2. Cliquez sur le **bouton Obtenir** (ou sur le prix, s'il s'agit d'une application payante).

3. Saisissez le **mot de passe de votre identifiant Apple ou utilisez Touch ID** pour confirmer.

4. L'application s'installera et apparaîtra dans votre **Launchpad ou votre Dock.**

💡 **Suggestion amicale** : Commencez par une ou deux applications simples qui correspondent à vos centres d'intérêt - il n'y a pas d'urgence à toutes les explorer.

Récapitulatif rapide

☑ Vous avez utilisé **Calendrier, Notes et Rappels** pour rester organisé

☑ Vous avez exploré **Plans** pour trouver des itinéraires et **Météo** pour planifier votre journée

☑ Vous avez appris à **trouver et à télécharger des apps utiles** depuis l'App Store

Avec seulement quelques apps de base, votre MacBook devient votre agenda personnel, votre journal, votre assistant et votre aide quotidienne, à portée de main.

Chapitre 12 : Dépannage et conseils

Même avec un appareil convivial comme un MacBook, les choses ne se passent pas toujours parfaitement, et ce n'est pas grave. Qu'un bouton ne réponde pas, qu'un fichier disparaisse ou que quelque chose semble « anormal », ce chapitre est là pour vous aider à **résoudre les problèmes courants rapidement et calmement.**

N'oubliez pas : vous ne pouvez pas « casser » votre MacBook par accident. La plupart des problèmes ont des solutions faciles, et vous n'êtes pas seul. Passons en revue quelques-uns des conseils et astuces les plus utiles.

Résoudre les problèmes courants étape par étape

Problème 1 : « Mon écran est figé. »

- **Solution** : Maintenez le bouton d'**alimentation enfoncé** jusqu'à ce que l'écran devienne noir.

- Attendez 10 secondes, puis appuyez à nouveau sur le bouton pour redémarrer.

Astuce : C'est ce qu'on appelle un « redémarrage forcé ». Vous pouvez le faire en toute sécurité lorsque votre Mac ne répond pas.

Problème 2 : « Une application ne se ferme pas. »

- Cliquez sur le **logo Apple** (en haut à gauche), puis sélectionnez **Forcer à quitter**.

- Choisissez l'application qui ne répond pas et cliquez sur Forcer à **quitter**.

Cela n'endommagera pas votre ordinateur, c'est comme fermer doucement une porte coincée.

Problème 3 : « Je ne trouve pas un fichier que j'ai enregistré. »

- Ouvrez **le Finder** (icône de visage souriant).

- Cliquez sur la **barre de recherche** (coin supérieur droit) et tapez une partie du nom de fichier ou un mot dont vous vous souvenez à l'intérieur.

- Si vous ne le trouvez toujours pas, vérifiez **Téléchargements**, **Documents** ou **Bureau** dans la barre latérale du Finder.

Problème 4 : « Je n'ai pas de son. »

- Assurez-vous que le **volume est élevé** (utilisez les touches du haut-parleur en haut de votre clavier).

- Allez dans **Paramètres système > Son** et vérifiez si le bon haut-parleur est sélectionné.

- Si vous utilisez des écouteurs, assurez-vous qu'ils sont correctement branchés ou connectés via Bluetooth.

Problème 5 : « Mon Wi-Fi ne fonctionne pas. »

- Cliquez sur l' **icône Wi-Fi** en haut de l'écran.

- Désactivez le Wi-Fi, puis réactivez-le.

- Si nécessaire, redémarrez votre Mac et reconnectez-vous à votre réseau domestique.

Astuce senior : Si un problème persiste, le redémarrage de votre Mac le résout souvent. N'ayez pas peur d'essayer d'abord un redémarrage.

Quand redémarrer ou mettre à jour

Comme toute machine, votre Mac a parfois besoin d'être rafraîchi.

Quand redémarrer :

- Les applications fonctionnent lentement

- Vous remarquez des problèmes ou un décalage

- Le système semble « bloqué »

Cliquez sur le **logo Apple** > **Redémarrer**. Attendez qu'il s'éteigne et redémarrez - cela élimine les petits problèmes de mémoire.

Quand mettre à jour :

- Vous êtes invité à installer les mises à jour

- Vous souhaitez bénéficier des dernières fonctionnalités ou correctifs de sécurité

Pour vérifier les mises à jour :

1. Cliquez sur le **logo Apple** > **Paramètres Système**.

2. Choisissez **Mise à jour** logicielle.

3. Si une mise à jour est disponible, cliquez sur **Mettre à jour maintenant**.

Les mises à jour Apple sont sûres et ne prennent généralement que quelques minutes.

Où obtenir de l'aide (assistance et forums Apple)

Vous n'avez jamais à faire face à un problème seul - il y a beaucoup d'aide disponible.

1. Site Web d'assistance Apple :

Rendez-vous sur

support.apple.comSaisissez votre question

(par exemple, « Comment imprimer une photo ») et parcourez les articles utiles.

2. Application d'assistance Apple :

Téléchargez l'application gratuite **Apple Support** sur l'App Store. Il propose un chat en direct, des tutoriels et une aide à la planification.

3. Aide en personne :

Rendez-vous dans un **Apple Store** et parlez à un **technicien du Genius Bar** : les rendez-vous sont gratuits.

Astuce : apportez votre MacBook et les informations de votre identifiant Apple si vous vous y rendez en personne.

Réinitialisation ou arrêt correct

Pour arrêter :

1. Cliquez sur le **logo Apple**.

2. Sélectionnez **Arrêter**.

3. Attendez que l'écran devienne noir avant de fermer le couvercle.

Pour réinitialiser (si votre Mac se comporte mal) :

- Utilisez **Redémarrer** à partir du même menu. Cela ne supprimera aucun fichier, mais actualisera simplement le système.

Important : n'effectuez une réinitialisation complète (réinitialisation d'usine) que si l'assistance Apple vous l'a conseillé ou si vous donnez votre Mac.

Récapitulatif rapide

☑ Vous avez appris à résoudre des problèmes courants tels que le gel, l'absence de son ou les fichiers

☑ manquants Vous avez compris quand et comment redémarrer **ou mettre à jour** votre Mac

☑ Vous avez découvert où **obtenir de l'aide fiable**, en ligne et en personne

☑ Vous avez pratiqué des arrêts et des réinitialisations en toute sécurité

La technologie peut parfois faire des siennes, mais vous savez maintenant **exactement quoi faire – calmement, clairement et avec confiance.** Vous avez parcouru un long chemin et vous avez les outils pour continuer à être fort.

SECTION BONUS :
Référence rapide et guides pratiques

Cette section bonus est votre **aide-mémoire MacBook** - parfaite pour des rappels rapides, des corrections simples et une aide quotidienne sans avoir à chercher dans tout le livre.

Raccourcis clavier MacBook (liste adaptée aux aînés)

Ces raccourcis clavier simples peuvent vous faire gagner du temps :

- **Commande (⌘) + C** = Copier

- **Commande (⌘) + V** = Coller

- **Commande (⌘) + Z** = Annuler

- **Commande (⌘) + Q** = Quitter l'application

- **Commande (⌘) + P** = Imprimer

- **Commande (⌘) + barre d'espace** = Ouvrir la recherche Spotlight

- **Commande (⌘) + Tab** = Basculer entre les applications ouvertes

- **Commande (⌘) + Maj + 3** = Prendre une capture d'écran de votre écran

💡 Astuce : ne vous inquiétez pas si vous les oubliez. Vous pouvez toujours effectuer des tâches manuellement - les raccourcis ne sont que des gains de temps facultatifs.

Liste de contrôle de la sécurité sur Internet

Avant de cliquer ou de taper sur un site Web
:

☑ L'adresse du site web est-elle correcte ?
(Attention aux orthographes étranges.)

☑ Commence-t-il par « **https** » ? (Le **s**
signifie sécurisé.)

☑ Évitez-vous les fenêtres contextuelles
qui disent « Votre Mac est infecté » ?

☑ Ne partagez jamais d'informations
bancaires, de mots de passe ou de données
personnelles, sauf s'il s'agit d'un site de
confiance.

☑ En cas de doute , fermez la page. Vous
pouvez toujours demander à quelqu'un ou
vérifier auprès d'Apple.

Conseils d'entretien quotidien de Mac

Il est facile de garder votre Mac en bon état lorsqu'on le fait petit à petit :

- ✔ **Fermez les applications que vous n'utilisez pas** pour assurer le bon fonctionnement

- ✔ **Redémarrez votre Mac une fois par semaine** pour éliminer les petites erreurs

- ✔ **Sauvegardez à l'aide de Time Machine chaque semaine** (si configuré)

- ✔ **Nettoyez délicatement votre clavier et votre écran** à l'aide d'un chiffon doux

- ✅ **Supprimez les anciens fichiers dont vous n'avez plus besoin** : gardez votre Mac bien rangé et rapide

Glossaire : Termes techniques courants simplifiés

Application – Un programme qui vous permet de faire quelque chose, comme envoyer des e-mails ou des photos

Dock – La rangée d'icônes en bas de votre écran

Finder – Un outil pour parcourir et ouvrir vos fichiers et dossiers

iCloud – Le stockage en ligne d'Apple pour les photos, les fichiers et les sauvegardes

Touch ID – Un bouton d'empreinte digitale pour déverrouiller votre Mac

 Barre de menus – La bande supérieure de votre écran avec les options système

Wi-Fi – Connexion sans fil à Internet

Bluetooth – Connexion sans fil pour écouteurs, haut-parleurs ou claviers

Paramètres système – Où vous ajustez la configuration de votre Mac (également appelé Préférences)

Safari – Le navigateur Internet d'Apple

Bureau – L'écran « d'accueil » où vos dossiers ou fichiers peuvent être placés

Liste de contrôle de fin de chapitre : Avez-vous... ?

☐ Apprendre à allumer, configurer et personnaliser votre MacBook

☐ Connecté au Wi-Fi, utilisé Safari et envoyé votre premier e-mail

☐ Passer un appel FaceTime ou vidéo à un ami ou à un membre

☐ de votre famille Organiser des fichiers et

des photos dans des dossiers ou des albums

Explorer de la musique, des podcasts ou des films

Apprendre à résoudre des problèmes simples et obtenir de l'aide en cas de besoin

Acquis la confiance nécessaire pour explorer des applications qui conviennent à votre vie et à vos centres d'intérêt

Si vous avez vérifié la plupart d'entre eux, vous avez parcouru un long chemin, et votre MacBook fait désormais partie intégrante de votre routine quotidienne.

Derniers mots : une note de l'auteur

Cher lecteur, chère lectrice, cher lecteur,

Si vous êtes arrivé à cette dernière page, je veux que vous vous arrêtiez un instant – et que vous soyez fiers.

Vous n'avez pas simplement ouvert un livre. Vous avez ouvert la porte à l'apprentissage de quelque chose de nouveau, quelque chose qui aurait pu vous sembler intimidant ou même hors de portée. Et vous l'avez fait avec patience, curiosité et courage.

Que vous ayez commencé ce voyage pour renouer avec vos proches, explorer Internet, organiser vos souvenirs ou simplement vous sentir plus indépendant dans un monde numérique, j'espère que ce guide vous a aidé à vous sentir plus à l'aise avec votre MacBook et plus confiant en vos capacités.

N'oubliez pas que l'apprentissage ne s'arrête pas là. Vous pouvez revenir à n'importe quel chapitre lorsque vous avez besoin d'un rappel. Vous pouvez essayer de nouvelles applications, explorer de nouveaux outils ou simplement profiter de vos fonctionnalités préférées en toute simplicité.

Et si les choses tournent mal parfois ? Ce n'est pas grave. Tout le monde – oui, tout le monde – a des moments de confusion avec la technologie. Mais maintenant, vous savez comment gérer ces moments, calmement et clairement.

Votre MacBook est puissant, mais vous l'êtes aussi. Alors allez-y, explorez, créez, connectez-vous et profitez de chaque instant.

Avec tous mes encouragements,

[ALBERT F. JOHNSON]

www.ingramcontent.com/pod-product-compliance
Lightning Source LLC
LaVergne TN
LVHW051652050326
832903LV00032B/3761